machtWORTE!

26 und mehr Anregungen, Sprache immer wieder neu zu leben

Jaja Verlag

Wo ist das Alle, wenn die Anderen Außen sind?

Oft wird von Allen gesprochen und tatsächlich sind nie alle gemeint. „Alle Menschen werden Brüder", wie es in dem Lied „Ode an die Freude" in der Neunten Sinfonie Beethovens heißt, bedeutet eben auch, dass die Schwestern nicht mit gemeint sind und außen vor bleiben. Es gibt immer Personen, die nicht in den Kreis des Alle beziehungsweise des Wir aufgenommen werden. Sie werden zu den Anderen, zu einem Nicht-Wir gemacht, zu denen, die Außen oder am Rand stehen. Wie werden diese Unterteilungen in Wir und die Anderen legitimiert und wer entscheidet, wer zu Wir und wer zu den Anderen gehört?

B Ensteht beHinderung durch betroffene Blick_e_winkel?

Wie entsteht beHinderung? Wer macht wen beHindert? Oder anders gefragt, wer beHindert wen? Und was genau bedeutet das eigentlich: beHinderung? Die Großschreibung des H in der Mitte richtet besondere Aufmerksamkeit auf den Teil Hinderung. beHinderung ist kein pathologischer Zustand, sondern ein gesellschaftlicher Prozess, in welchem Personen durch Barrieren an gesellschaftlicher Teilhabe beHindert werden.

Entsteht be_Hinderung durch betroffene Blick-e_winkel?

C Du bist Chaos.

Chaos wird meist negativ mit Durcheinander, Kontrollverlust oder Strukturlosigkeit verbunden und als das Gegenteil von Ordnung verstanden. Wir wollen es neu und positiv besetzen und dazu anregen, auch im Chaos System(e) zu entdecken.

D Wer ist eigentlich die Deutschen?

Oft wird von den Deutschen als homogener Gruppe gesprochen.
So einheitlich, wie sie imaginiert wird, ist diese Gruppe nicht.
Viele Personen werden in diesem exklusiven Konzept nicht mit-
gedacht. Die Idee einer deutschen Nation funktioniert generell über
zum Beispiel rassistische, klassistische, ableistische etc. Ausschlüsse.
Wer entscheidet, wer in Deutschland (über)leben darf und wer nicht?
Wer bestimmt, was beziehungsweise wer deutsch ist?

Wer ist eigentlich die Deutschen?

E Expert_innen erzwingen Eindeutigkeit.

Eindeutigkeit ist etwas, dass durch machtvolle gesellschaftliche Normen hergestellt wird. Expert_innen definieren diese eindeutigen Normen.
Sie entscheiden, bis zu welchem Maße die Norm erfüllt ist und wer oder was nicht mehr zur Vielfalt gehört.
Müssen Geschlechter immer in weiblich oder männlich unterteilbar sein?
Was bedeutet das z.B. für intergeschlechtliche Personen, deren Geschlecht die Medizin als nicht eindeutig männlich oder weiblich ansieht? Warum halten sich Mediziner_innen für Expert_innen der Geschlechtsbestimmung?
Warum dürfen manche Personen nicht über ihr eigenes Geschlecht entscheiden?

Expert_innen erzwingen Eindeutigkeit.

F Was ist drin, wenn Familie drauf steht?

Familienkonzepte sind vielfältig. Familie ist nicht immer heterosexuelle Zweierbeziehung und harmonische Einheit. Familie ist oft, muss aber nicht immer, MamaPapaKind(er) sein. Personen müssen nicht blutsverwandt sein, um wichtige Bezugspersonen und damit Teil der Familie zu sein. Und: Familie bedeutet auch nicht immer und zwangsläufig Schutzraum – körperliche und seelische Übergriffe finden oftmals im familiären Rahmen statt.

 Gemeinsam gehen

Unser Bild ruft zu Solidarität und Gemeinschaft auf - auch über Generationengrenzen hinweg. Zu einem Miteinander in Vielfalt, Zugewandtheit und Offenheit dem vermeintlich Unbekannten gegenüber.

Gemeinsam gehen

H Kann Frauschaft herrschen wenn Herrschaft frauscht?

Wenn das Huhn kräht, kann der Hahn auch Eier legen. (Chinesisches Sprichwort) Herrschaft und Herrschen sind keine geschlechtsneutralen Begriffe. Herrschaft bezeichnet nicht nur sprachlich die machtvollere Positionierung von Männern in unserer Gesellschaftsform. Frauschaft wäre innerhalb einer zweigeschlechtlichen Logik die radikale Umkehrung. Was könnte Frauschaft innerhalb von Herrschaft bedeuten?
Wer ist der/die bessere Herrscher_in oder Frauscher_in?
Muss es überhaupt Herrscher_innen oder Frauscher_innen geben?

Ⅰ Ist Ich Intimität?

Wie intim ist meine Vorstellung von mir selbst
wirklich? Was bedeutet es, ganz Ich selbst zu sein?
Welche Rolle spielt die Gesellschaft bei der Frage,
wie ich mich selbst sehe und ob ich mich mit mir
selbst gut oder schlecht fühle?

Ist ich Intimität?

J Ein Junge ist ein Junge ist ein Junge ist ein Junge...

Was ist ein Junge*? Wie muss ein Junge* aussehen? Wie muss er* sich verhalten? Was muss er* können? Die Idee beinhaltet, dass ein Junge* eben nicht gleich ein Junge* sein muss.

Das meint, dass Vorstellungen tagtäglich durch jede_n von uns gemacht werden und nicht naturgegeben sind. Jungen*, Mädchen* und weitere Geschlechter können unterschiedlich aussehen, verschiedene Fähigkeiten, Fertigkeiten und Interessen haben. Eindeutigkeiten gibt es nicht.

K. Ist die Pflege von Klischees ein Kinderspiel?

Das Wort Kinderspiel soll glauben machen, dass es sich dabei um etwas Leichtes, Simples und Nicht-Ernstzunehmendes handelt. Klischees sind oftmals verletzend, weil sie Personen Eigenschaften zuschreiben, mit denen diese sich nicht zwangsläufig identifizieren. Die Schere symbolisiert den gewaltvollen und verletzenden Prozess der Herstellung und Aufrechterhaltung von Klischees – und damit von Normierungen. Sie beschneidet individuell wachsende Sträucher und macht sie damit zu einer äußerlich gleichen Masse, die leichter zu pflegen, also zu kontrollieren ist. Auch hier stellt sich wieder die Frage: Wie entstehen Klischees überhaupt, was bewirken und wem nutzen sie?

Ist die Pflege von **Klischees** ein **Kinder**spiel?

L Liebe ist eine Leistung, weil sie Lust macht zu leben.

Leistung bedeutet in der westlichen Welt materiellen Erfolg und Anerkennung durch Arbeit. Aber auch Liebe ist ein Wert, eine Leistung. Liebesfähigkeit zwischen Menschen erfordert eine gewisse Anstrengung und Offenheit und vermag es, ein Miteinander und Füreinander zu schaffen. Etwas Konstruktives also, das lustvoll und lebendig macht.

Macht Worte!

Worte sind machtvoll. Worte bilden nicht nur unsere Wirklichkeit ab, sondern stellen diese her. Worte sind Handlungen und je nachdem, welche Worte ich verwende, bezeichne ich meinen Platz in der Gesellschaft, aber auch den anderer Personen. Letztlich ist ein verantwortungsvoller Umgang mit Sprache nicht nur wichtig, sondern macht auch Spaß, also: macht Worte!

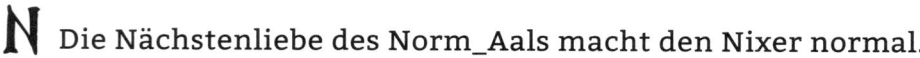

N Die Nächstenliebe des Norm_Aals macht den Nixer normal.

Anerkennung ist die Voraussetzung einer glücklichen Existenz und ermöglicht ein Gefühl der Zugehörigkeit. Wer oder was wird als normal anerkannt und warum gibt es überhaupt eine Unterscheidung in normal und nicht-normal?

Die Nächstenliebe des Norm_Aals macht den Nixer normal.

O Ordnung ist das halbe Leben, oder?

Personen finden sich in und mit unterschiedlichen Ordnungskonzepten unterschiedlich gut zurecht. Ordnung kann Sicherheit bieten oder Einschränkung bedeuten. Ein halbes Leben ist eben kein Ganzes.

Ordnung <u>ist das</u> <u>halbe Leben.</u> Oder?

P Phantasie versetzt Purzelbäume

Die oftmals verfestigten Wahrnehmungs- und Denkmuster der erwachsenen Welt
sind wie fest verwurzelte Bäume - nahezu unbeweglich und unerschütterlich.
Diese starren Muster beschränken unser Wachstum und lassen uns beständig im
Gewohnten und Vertrauten verharren.
Nicht selten begrenzen sie uns und nehmen uns Möglichkeiten. Kindern hingegen
wird Phantasie zugeschrieben und zuerkannt. Sie scheinen beweglich: noch
offen, auch für das (aus erwachsener Sicht) scheinbar Unmögliche – Purzelbaum
schlagende Bäume.

Phantasie *versetzt* Purzelbäume.

 **Gibt es eigentlich Quatsch?**

Nicht selten werden Äußerungen, Gedanken oder
Gefühle als Quatsch abgetan und damit degradiert.
Aber wer entscheidet über Sinn und Wert – darüber
was Quatsch oder kein Quatsch ist?

R. Rücksicht auf die Regel erzeugt Rollenverhalten.

Wenn wir uns gesellschaftlichen Regeln beugen, nehmen wir bestimmte Rollen ein. Jede_r aber hat die Möglichkeit, diese zu hinterfragen, zu gestalten und ЯückSichtsvoll den eigenen Weg zu suchen. Nur weil andere mich zum Beispiel als Mädchen* bezeichnen, muss ich mich nicht so verhalten oder positionieren, wie sie es sich für mich vorstellen. Manche Regeln machen Sinn, manche nicht. Welcher Zweck steckt hinter DIESER Regel? Ist die Regel HIER wichtig? Nutzt die Regel mir, beziehungsweise wem nutzt sie?

S Singende Seefrau schlemmt supersüßen Schaumkuss südlich Schwedens.

Eine verspielte Herangehensweise, die gängige Berufsbezeichnung für den Seemann sprachlich aufzubrechen. Es ist für jede_n schwierig, sich für einen Beruf zu interessieren, in dem sie sprachlich nicht existieren. Wer will Hebamme werden? Wer Seemann?

T Trauriges Toiletten-Tabu

Grundsätzlich unterscheidet unsere Gesellschaft alle Personen in zwei, und zwar nur zwei, Geschlechter. Personen, denen keine körperliche beHinderung zugeschrieben wird, müssen sich stets einem dieser beiden Geschlechter zuordnen. Personen, die als beHindert markiert werden, wird diese Geschlechtlichkeit in unserer Gesellschaft ganz offensichtlich abgesprochen. So sind Rollstuhl-Toiletten oft in Damentoiletten integriert oder existieren extra ohne Unterscheidung in Mann oder Frau.

U Uhr im Urlaub

Zeit strukturiert unseren Alltag. Alles, was wir tun, wird in Zeit gemessen: die Arbeitszeit, eine Unterrichtsstunde beträgt genau 45 Minuten etc. Wir werden auf Zeitabläufe trainiert. Dies erleichtert ein geordnetes gesellschaftliches Miteinander, nimmt uns Menschen aber auch individuelle Freiheit. Die Zeit selbst unterliegt dabei Normen. Selbst der Urlaub als Ausnahmesituation ist innerhalb dieser Norm festgelegt. Was passiert außerhalb der festgelegten Zeit? Welche Perspektiven gibt es jenseits der festgelegten Möglichkeiten? Was passiert also, wenn die Uhr Urlaub macht?

V Vertrauen ist gut, Verantwortung auch

Häufig wird Vertrauen mit ‚nicht denken müssen‘ gleichgesetzt: Situationen, Zustände oder Regeln, Ordnungen, Systeme oder auch Politik werden schon funktionieren... Aufgaben und Verantwortung abzugeben, heißt, das Denken abzugeben. Verantwortung übernehmen, heißt, aktiv handeln, mitdenken und hinterfragen.

W Welche Wirkung haben Worte auf Wissen?
Schon mal weißgefahren?

Worte sind sehr wirkmächtig.
Die deutsche Sprache ist verschieden strukturiert, auch durch eine rassistische Farbsymbolik. Die Farbe Schwarz wird so gut wie immer negativ assoziiert, während die Farbe Weiß mit positiven Dingen verbunden ist. Farbliche Bezeichnungen können diskriminierende und verletzende Inhalte transportieren, die reale Auswirkungen auf gesellschaftliches Zusammenleben haben.

Welche Wirkung haben Worte auf Wissen?

∽

Schon mal weißgefahren?

 **Das X stellt dem Y ein Bein.**

Es wird immer davon ausgegangen, dass es nur die Chromosomenpaare XX (weiblich) und XY (männlich) gibt, tatsächlich ist die Natur deutlich vielfältiger als diese Einteilung, die durch Menschen vorgenommen wurde. Es gibt nicht nur XX und XY und es gibt nicht nur die Bestimmung von Geschlecht durch Chromosomen, sondern (mindestens) sechs weitere Möglichkeiten. Diese Arten der Geschlechtsbestimmung können sich widersprechen oder überkreuzen. Was bedeutet, dass eine Person zum Beispiel gleichzeitig Eierstöcke und einen Penis haben kann.

Wer mehr darüber lesen möchte: Schmitz, Sigrid (2006): Geschlechtergrenzen. Geschlechtsentwicklung, Intersex und Transsex im Spannungsfeld zwischen biologischer Determination und kultureller Konstruktion. In: Smilla Ebeling und Sigrid Schmitz (Hg.): Geschlechterforschung und Naturwissenschaften. Wiesbaden: VS Verlag für Sozialwissenschaften, S. 33–56

Das X stellt dem y ein Bein.

Z Zweifelt

Wir wollen Mut machen, über uns, unsere Umwelt und unsere Sprache nachzudenken. Sprache kann verletzen. Gleichzeitig haben wir aber immer auch die Möglichkeit, andere oder neue Benennungen zu finden. Zweifelt an Namen, Bezeichnungen und Ausdrücken und nehmt sie nicht als gegeben hin, nur, weil sie im dominanten Sprachgebrauch vorkommen. Seid kreativ!

Nachwort der Autorinnen

Sprache verstehen wir nicht als Abbildung von Wirklichkeit, vielmehr wird Wirklichkeit durch Sprache hergestellt. Die Welt wird durch und mit Sprache gemacht, wir alle werden durch und mit Sprache geprägt und sind damit aktiv und passiv an Rollenzuschreibungen und Positionierungen beteiligt.

Ein bewusster Umgang mit unserer Sprache ist notwendig, um die Möglichkeiten, die ihr innewohnen, konstruktiv zu nutzen. Wir arbeiten mit Wort-Neuschöpfungen, setzen Unterstriche (Gender-Gap) oder spielen mit Groß- und Kleinschreibung.

Wir, die auch von Machtstrukturen profitieren, sind nicht außerhalb unseres Buches, sondern fühlen uns vielmehr herausgefordert, unseren Sprachgebrauch im Alltag selbstreflexiv zu hinterfragen und damit gesellschaftliche Wirklichkeit zu verändern.

macht Worte!

Cindy, Claudia, Elisabeth und Maria im Mai 2016

Impressum

Text:
Cindy Ballaschk, Maria Elsner, Claudia Johann, Elisabeth Weber
machtworte.org

Illustration:
Ka Schmitz
ka-comix.de

Herausgeber:
Jaja Verlag
Annette Köhn
jajaverlag.com

3. Auflage
Berlin, Juli 2021
Druck: JELGAVAS TIPOGRĀFIJA, Jelgava, Lettland
ISBN 978-3-943417-20-3
© Cindy Ballaschk, Maria Elsner, Claudia Johann, Elisabeth Weber, Ka Schmitz & Jaja Verlag